이녁이란 말 참 좋지요

이남순 시집

시인동네 시인선 229　　　　　　　　　　이남순 시집

이녁이란 말 참 좋지요

시인동네

시인의 말

비 오자 깨닫는다.
구두 밑창 새는 것을

궂은 길 비탈진 곳
나 대신 건넌 사람

찔레꽃 대신
안부 전한다.

2024년 4월
이남순

차례

시인의 말

제1부

라면 먹을래? · 13

늪 · 14

서녘이네 · 15

긍휼히 여기소서 · 16

모기떼 · 17

꿈꾸는 바벨탑 · 18

봄눈 백서 · 19

플랫폼 · 20

독도를 보았다 · 22

데자뷰 · 23

로드킬 · 24

뿌리는 아십니까 · 25

통배추론(論) · 26

소화기도 못 참아 · 27

16개월 · 28

제2부

봄눈입니다 · 31

길 밖의 길 · 32

우렁꾼 · 33

여행 · 34

성탄절 주변 · 35

불똥 · 36

허새비 · 37

한가위 · 38

눈꽃 만장 · 39

소화기 놓이듯이 · 40

밥줄 · 41

프레지오 · 42

풍등 · 43

요로결석 · 44

한철 메뚜기 · 45

빈 병 · 46

제3부

능소화 목덜미 · 49

징검돌 · 50

부분일식 · 51

폐차장 생이별 · 52

등 · 53

뭣이 중헌디 · 54

탯줄 둥지 · 55

북촌 자명고 · 56

함안역 · 58

남명매 · 59

별빛 피사체 · 60

말씀 끝에 아멘, · 61

함박눈 쿠데타 · 62

둥근 호박전 · 64

이녁은 좋겠슈 · 65

선달 · 66

제4부

개밥바라기 · 69

새경 · 70

토피어리(topiary) · 71

빈손 · 72

드라이플라워 · 73

명줄 · 74

빨간불 · 75

잘 먹었다 하실 테지 · 76

불가부득 · 77

배롱나무 아래 · 78

스크린에 불은 꺼져도 · 79

합천골, 쉼터 · 80

늦은 당부 · 81

애매미 · 82

제5부

어떤 공양 · 85

그늘막 사이 · 86

늙은 호박 · 87

울타리 목 · 88

미궁(迷宮) · 89

얼척없네 · 90

다저녁때 · 92

초흔(焦痕) · 93

발아래 공손히 · 94

시시포스 돌덩이 · 96

내 곁의 한 그루 · 97

겨우살이 · 98

자연학습 · 99

데칼코마니 · 100

해설 우회 화법과 반어의 묘미 · 101
    김효숙(문학평론가)

제1부

라면 먹을래?

두 살 터울
열 살 형이 동생을 감싸 안고

뜨거운 불의 혀를 온몸으로 막아섰다

아 저런,
동생이 먼저 형의 곁을 떠나다니

겁먹고 파고들어 숨통이 막혔을까

무늬만 찬란했던 이 도시 벌건 대낮

타다 만 라면 봉지만
증언하듯 날렸다

늪

토막 난 주문량에
격일 근무 자청했다

타는 속 눌러 참아
딸꾹질만 바빴다

반 토막 급여명세서
헛웃음만 나오고

유흥가 상가 골목
살포되는 광고 전단

〈무서류 당일 대출, 재난카드 현금 깡〉

진짜로 마지막이야,
빠져들듯 손이 간다

서녘이네

놓칠까, 하루치 꿈
15만 원 품삯 안고

엎어질 틈도 없는 맨홀 밑 구덕 향해

그렇네, 무저갱 속을 슬러지 찾아가네

천형의 구명밧줄 멍에처럼 허리에 묶고

이젠 됐다 싶을 때쯤 벼랑 차고 올랐는데

기어이 포스핀에 취해
생이 지네, 오늘은

긍휼히 여기소서

북한산 살구나무에
넥타이를 왜 걸었나

시큼하고 떨떠름한 유서 몇 자 던져놓고

미투가 무슨 과시라고 너나없이 불사하나

시늉할 걸 해야지
빛 좋은 여권운동

서울판 그린 뉴딜, 개꿈으로 흘러가니

아마도 올해 농사는 개살구 천지렷다!

모기떼

속설은 어디서나 습관처럼 앵앵~ 댄다

능소화 핀 도트 무늬 원피스는 발칙하다?

두고만
볼 수 없다며
일침을 가해 온다

다소곳이 머리 숙여 사죄하라 다그친다

천만에, 만만에요 이게 무슨 죄랍니까

허투루
휘둘리지 말고
뒷목이나 살피시길

꿈꾸는 바벨탑

누대의 논밭에다 아파트를 올린다고
영농행위 금지구역 펄럭이는 현수막
보상금 흥정하면서 겹겹들이 말뚝이다

꽁무니에 불붙었나, 인정 없이 내쫓더니
키를 넘는 잡초들만 옥토를 점령했다
멀거니 건너만 본다, 서릿발 경고에 눌려

부동산값 하강세에 오금을 접었는지
하늘까지 솟구칠 바벨탑은 오리무중
기우뚱 시공 팻말이 폐허에 꽂혀 있다

봄눈 백서

구의역에 빼곡하다 핑크빛 포스트잇
추모장 다 적시는 천천히 먹으란 말
뚜껑을 열어주는 손, 컵라면이 풀어지네

너희는 구름 속에 빛 모르고 살았다지
오늘 역시 볕 숨은 날 추적추적 찾아와서
발전소 조형물 아래 털목도리 둘러주네

밥 한술 넘기는 일 허투루 짚으셨네
얼마나 더 보내야만 돌아볼 수 있으려나
시대를 피하지 못한 천형의 휘핑보이*

---

*중세 유럽 귀족 자식 대신 매 맞는 하층 계급 아이.

플랫폼

로고 새긴 유니폼을 등에 진 그날부터
턱에 찬 숨 뱉으며 가쁜 시간 달렸으리
다람쥐
쳇바퀴 돌듯
밥줄 좇던 김원종 씨*

끄무레한 새벽녘 봉두난발 눈 비비며
"어제보다 더 늦으니 먼저 주무세요"
그 말이
마지막일 줄
몰랐다는 아버지

미필적 고의였나, 도미노 현상인가
덮친 박스 껴안으며 막숨을 몰았을 때
눈앞에
무얼 봤을까
무슨 말을 했을까

꽃 두른 영정사진 이제야 편히 쉬나
아비는 자식 빈소 망연자실 지키는데
회사는
깜깜무소식
캄캄한 시월 대낮

---

*하루 배송물량 400박스, 끼니도 건너뛰다 과로사한 20년 차 택배기사.

독도를 보았다

돌아온 싱글들의 짝 찾기가 한창인데
그 누구도 찾지 않아 밀쳐진 저 한 사람
잊고 만 얼굴이 되어 먼 길을 떠났구나

어떻게 살아오다 어찌하여 혼자였나
피붙이 살붙이도 알 길 없는 길이 삼촌*
삐뚜룩 '꼭챙기활물건' 사진첩에 붙여놓고

세상은 다 버려도 못 버린 추억 묶음
두 평짜리 복도 끝 방 쪽문이 덜컹일 때
짝이 된 커플의 웃음 TV 화면 꽉, 채운다

---

*신문에 보도된 고독사한 58세 남성.

데자뷰

땅 쪼개고 지분 나눠 감쪽같이 끝냈으니
생생한 마늘밭일랑 깡그리 갈아엎어
희망찬 용버들나무를 욕심껏 심었것다

빙긋 하는 속웃음이 거칠 것 없는 눈치
짜고 친 그물망에 대어가 걸렸으니
덜미를 잡힌다 한들 평생 월급 비할쏜가

처음엔 죽일 듯이 벼랑으로 내몰겠지
내남없이 삿대질로 비난을 퍼붓다가
세상은 언제 그랬나, 새까맣게 잊을 테니

로드킬

온갖 꽃 이야기가 향기로 피는 계절
열아홉 풋 가슴을 바람이 들추어도
아무나 받을 수 없는 봄, 밥벌이가 우선이다

온몸을 꼬부린 채 고압선 벼랑을 타고
받아 든 좌표대로 허공에 매달린걸
아무도 보지 못했나, 열차 그만 치고 간다

한 줌의 목숨처럼 움켜쥔 가방 속엔
컵라면에 나무젓가락 하루치 끼니마저
당연한 부속품처럼 함께 안고 가버린 봄

뿌리는 아십니까

폭격의 회오리에 피할 겨를 전혀 없이

정류장이 무너졌다
아들이 쓰러졌다

자식이 쏟은 피 앞에 무릎 꿇는 아버지

하르키우 곳곳에는 수지포가 널렸는데

얼마나 더 죽어야
너, 멈출 수 있겠느냐

점령한 모반의 땅에 무슨 씨를 심겠다고

통배추론(論)

밭 갈아 모종 심고 거름 뿌려 북돋우니
나날이 실해진다 자부하고 있었는데
어느새 청벌레 입질 속속들이 파먹었다

새파란 겉껍질로 양심 치레 망 세우고
남의 피 빨아먹다 덜미 잡힌 얌체족들
기우뚱 짚동 같은 몸 오히려 당당하다

와중에 손사래 치며 발 빼는 놈을 좀 봐
겉과 속 다른 공정 저들끼리 시끄럽지
어쨌든 한통속으로 길은 이미 잡아놓고

소화기도 못 참아

마음 놓고 편안히 잠든 적이 없습니다
구석진 한 귀퉁이 먼지 쓰고 졸면서도
한 번도 나의 자리를 비운 적도 없습니다

붙박이 신세라고 무시하지 마십시오
여닫는 문 모서리에 번번이 자빠져도
움켜쥔 안전핀만큼은 놓친 적 없습니다

눈 뜨고 입만 열면 잘났다고 떠벌리는
자가당착 아시타비 천불만불 치졸경엔
부득불 견디지 못해 눈꽃처럼 터집니다

16개월

우리 아이 입양했어요,
광고 찍듯 웃던 부모

수많은 의문 뒤에
민낯을 드러냈다

말문도 제대로 못 뗀
정인이가 살고 간 날

제2부

봄눈입니다

분통이 터지듯이 벚꽃이 떼로 질 때

우크라이나 사람들이 로터리에 모여 섰다

봄인데
우리만 춥다고
러시아로 날리는 꽃

길 밖의 길

어둠으로 밀려오는 키에프의 이른 아침
잠 덜 깬 어린 딸 키에 맞춰 무릎을 접고
목도리 싸매주는 손길, 눈물이 얼룩진다

이 길밖에 길이 없어 작은 등 떨쳐 놓고
구조 버스 창 너머로 눈길을 묶는 아빠
끝 모를 한 치 앞 나락, 포탄을 등에 진다

돌아서는 발걸음을 붙잡으며 부르짖는,
가슴 찢는 외마디에 하늘이 흐려지고
울지 마, 우크라이나! 진눈깨비 치며 간다

우렁꾼

뉘신가, 무례하게
카톡에 불쑥 들어

〈고객님 주문 상품 비대면 배송되었습니다〉

현관 앞 오도카니 앉은
상자가 무색하다

빼꼼히 마주치는 풋낯도 죄가 되니

세상에 맞서려면 사람을 멀리하라

문 하나 사이에 두고 꼰지발로 간 사람

여행

　일당을 받아 쥐기 두엇 시간 남겨놓고 2층까지 덮친 불길에 떠밀리고 떠밀려 더 이상 떠밀릴 곳 없어 허공중에 뛰었던가

　물차가 떠나가고 타다 남은 잿더미 속 까맣게 핀 태꽃을 인양하듯 건져 올려 몇 번을 검문한 끝에 이름 없어 길을 트니

　비로소 베옷 입고 꽃수레를 타러 가시나 허리에 차고 살았던 연장통 풀어놓고 다리 펼 땅 한 평을 찾아 길 떠나는 저 불혹

---

* '이천 물류창고 화재사고 합동 영결식' 2020년 6월 20일 《MBN》 온라인 기사를 읽고.

성탄절 주변

새벽녘 강추위 속 어둑한 골목길을
가로등 불빛 따라 끌고 가는 낡은 수레
한 바퀴 동네를 돌더니 빈 상자가 쌓였다

최저임금 잣대로는 턱없는 살림살이
누구는 꿈에 들어 미래를 계산할 때
그 꿈 밖 거리 뒤편엔 잠 안 자는 짐수레

불똥

친환경 급식용으로 저장고에 모셔놓고
새 학기 개학 날만 눈 빠지게 기다렸던,
농사꾼 장씨의 봄은 역병으로 돌아섰다

더는 할 말 없다는 듯 입을 다 틀어막은
마스크 행렬마다 숨통을 죄어오고
막내딸 학교는 쉬어도 학자금 빚을 낸다

허새비
―부라더 미싱

 이 사람아 그까지끼 머시라고, 메고 가시게!

 그 새첩던 열 살에도 새옷 한번 몬 입피고 사시절 늠머 옷만 얻어 생살 제우 안 가랬나 엄써서 몬해주모 빌어서라도 해주지 두고도 몬 입피는 에미 가슴 우떼껬노 핵교가 가당키나 해, 쓸데 엄는 가시나가 책 보따리 불 싸지르는 지 할배 불호령에 차라리 낳지나 말지 지랄라꼬 나왔능교? 목숨줄 골골한 죄까지 피 토하며 원망터라 산다꼬 그래싸도 그기 오데 사는 기가 고 애린 기 공장 가서 피눈물로 부쳐온 돈 아들도 몬 낳은 작은댁에 다 갖다 안 바쳤나 허새비 에미를 만나 울 줄도 모르는 외꽃 같은 저 자슥도 자네한테 존는데

 늙어서 덜덜거리는 그까지끼 머시라고!

한가위

올해는 오지 마라, 내사 마 개안타

그래도 올끼제? 그 말씀으로 들리는데 곁눈질 아내 눈치에 모른 척 입을 닫는다 성못길을 가로막던 코로나 틈 사이로 유람 길은 언제 뚫었나, 짐은 또 언제 쌌나, 허락이 떨어졌으니 바람처럼 내달린다 샛길로 빠져나와 본 사람도 없었을 터 몰래 먹는 바다회 맛이 고소하게 씹히는데

멀리서 엿보던 달님과 눈이 딱, 마주쳤다

눈꽃 만장

허옇게 뒤집힌 채 숭어 떼가 떠올랐다
이태를 꼬박 키워 출하가 코앞인데
몰아친 북극한파에 만 마리 족히 잃었다

뜰채로 건져 올린 자식 같은 물고기들
억장이 무너지고 눈앞이 캄캄한데
만기 된 대출 통장을 때맞추어 들이민다

꿈인가, 꼬집어봐도 드는 건 피멍인데
정책은 무슨 정책, 코빼기도 안 비치고
눈송이 소보록 내려 만장처럼 휘날린다

소화기 놓이듯이

치매 병실 벽에 기대 혼잣말도 겨운 날들
문 열릴 때 기다리며 눈치 없이 알짱알짱
빼꼼히
머리 내밀다
번번이 나자빠진다

그 와중 발치께에 함께 나뒹구는
볼 붉은 소화기를 뒷벽에 세우면서
간병인
한소리 한다
"가만히 좀 계세요"

한자리 우두커니 소화기 신세 같다
비죽이 나온 맨발, 붙박이 어머니들
오늘도
딸 발걸음만
헤아리다 저문다

밥줄

탑골공원 담벼락을 비빌 언덕 삼아
숨어든 패잔병처럼 구부정히 숙인 행렬
하루를 건너가는 길, 한 끼마저 놓칠세라

한때는 파독 광부로 사막의 노동자로
가난만은 이겨보자 깃발 든 전사였는데
사냥을 끝낸 견공들 맘 부릴 데 없는 지금

흘깃대다 모르쇠로 공무수행 가버리자
바람이 격문 읽듯 투레질 해대는데
현실과 현장의 오늘, 줄이 자꾸 길어진다

프레지오

십몇 년을 한집에서 피붙인 양 곁이었다
쉬는 날 그런 말은 사치로 접어두고
생업을 포개 싣고서 길을 잡아 달려왔다

눈감고도 짚어내는 상가 골목 가게마다
맷집 좋은 머슴처럼 뛰며 나른 상패 박스
마침내 발굽 터지고 등살 훤히 드러냈다

어쩌다가 5등급 훈장으로 찍힌 낙관
인사할 겨를 없이 요양원에 모셔갔다
늙다리 느림보라고, 도심 길에 짐 된다고

풍등

성벽을 돌아드니 거슬러 부는 바람

단청은 그날처럼 자욱하게 봄이 열려

촉석루 춤추는 의녀 하늘 닿게 하늘댄다

가락지 총 겨누어 내리 닫은 조선의 꽃

숨겨둔 대자보 품고 두고 간 의암 아래

떼 사리 붉은 강물이 파발 한 채 받는다

요로결석

뒷문으로 쓰렁쓰렁 들어간 대학로에
누구의 고자질인가 여기저기 들쑤시더니
마침내 아랫배 공격에
옆구리를 비튼다

짐작은 간다마는 물증을 찾아야지
구석구석 파고드는 초음파의 홉뜬 눈길
어디로 빼돌렸느냐
다그치듯 윽벼른다

드디어 여울 속에 숨은 돌을 찾아내어
밤중에 깨고 부셔 멍석말이로 내쳤겠다,
조간에 뜬 부정입학
불식간에 번드친다

한철 메뚜기

석 달짜리 비자 받아 겁도 없이 날아든 곳

낯선 땅 밭고랑 타고 담뱃잎 따고 있다

온몸을
꽁꽁 싸맨 채
눈만 저리 빼꼼하다

잎담배 니코틴에 바람도 알싸하니

수확을 끝낸 들판 멀리까지 등을 민다

고향 표
소인을 찍는
계절 인생 근로자

빈 병

쓰러져 본 사람만이
섰던 날을
기억한다

가득 차 있을 때는
듣지 못한
숨비소리

나누고
비운 후에야
바람과
섞이는 몸

제3부

능소화 목덜미

대학병원 회전문이 허공에 뜬 것 같다

비 오네,
비 오니까 따뜻한 거 먹고 갈까

아무런 표정도 없이 앞만 보고 걷는 사람

핏기 채 가시지 않은 능소화가 떨어진다

내년엔 꽃 피겠지
혼잣말을 뱉는다

국숫집 앞장서 가는, 목덜미가 이내 붉다

징검돌

가까워 놓칠세라
멀어지면 못 닿을까

한 발짝 한 걸음씩 나붓이 놓여 있다

샛강에
맨발로 엎드린
그대 빈 등 밟고 간다

부분일식

한여름 보신각 근처
그늘 한 점 없는 거기

쩔쩔 땡볕 벤치 위에 노숙인가, 맨발 남자

미간을 잔뜩 흐린 채
꿈 기슭에 닿아 있다

지나가던 할머니가
놓고 간 노란 양산

음밀암밀 해를 가려 둥그런 달그림자

건너편 신호등에도
초록 불이 들어왔다

폐차장 생이별

어디에 병이 났나, 몸의 문 열었더니
번다한 생의 레일 저리게 건넜던가
살아온 소용돌이에 바퀴 이미 뽑혀 있다

따박따박 돌아오는 사글세 무서워서
날품마저 놓칠세라 새벽길 허둥댈 때
잽싸게 눙치고 매친 브레이크 안 잡힌다

살림이 불어날 쯤 하필이면 전세 대란
이정표는 어디 있나 유턴인가 직진인가
떨리는 손잡아 달래던 핸들도 휘어졌다

내 삶의 비화들을 밀고 끌고 예까지 온
녹물 번진 마디마디 주저앉은 관절 위로
노을이 큰 품을 열어 너 가는 길 감싸준다

등

몰아치는 비바람에 어찌나 놀랐는지

등뼈를 곧추세워 어미 찾는 아기 여치

바람도
흠칫거리며
숨을 잠시 멈춘다

세상 어떤 것도 다 물리쳐 줄 자리

어미가 내준 등에 꼭, 붙어 있는 모습

저렇게
강력한 힘이
어디에서 나올까

뭣이 중헌디

1.
멀쩡한 줄 알았던 냉장고를 끌어낼 때
부라려 파먹느라 가늠하지 못했구나
엇박자 들숨 날숨이 차오르는 신열인걸

2.
가장이 쓰러져서 구급차에 실려 가도
식구들 그 누구도 눈치채지 못했다는
하루치 택배에 끌려 밥때마저 놓친 것을

3.
잠잘 때도 벗지 못한 겹살림 묻어두고
타는 속 그을음을 혼자 닦던 우리 어매
아베가 돌아가시자 세상 반을 놓으셨다

탯줄 둥지

친정집 이마께를 치받는 포클레인
황토 먼지 뿔 사이로 용머리가 벗겨진다
자존도 버틸 의지도 놓아버린 눈치다

안채를 건드리자 대들보가 흔들흔들,
행여 할 말 남았을까 한 발짝 다가서니
큰 한숨 들이쉬고는 결국 풀썩, 무너진다

새벽밥 벤또 싸던 울 어매 정짓간에
혼자 울던 뻐꾹 시계 떼그르르 굴러간다
이가(李家)네 탯줄 둥지도 생게망게 흩어지고

쪽방에 다섯 자매 아옹다옹 수다 소리
막걸리에 불콰해진 울 아베 노랫가락
면목(幎目)도 덮지 않은 채 생으로 순장된다

북촌 자명고

북풍에 왜 바람이
궁궐 담 넘나드니

종묘 뜰 향불마저 가늘게 떠는구나
용포에 피 울음 서린 그 옛적이 오늘이듯

시름 깊은 궐문 빗장
풀어주던 우직한 손

시시포스 바위처럼 이천만을 등에 지고
우정국 제비부리에 밀서 한 장 물렸다

마침내 피어난 꽃
시원의 하늘이다

쇄국의 빗장 열고 개화를 꿈꾸던 밤
맹세를 배반한 칼날이 종지부를 찍었다

딱 사흘 붉힌 꽃대
단두대에 걸렸어도

그렇게 끝났는지 사람들아 듣고 봐라
북촌길 골목골목에 둥둥, 우는 저 넋을!

함안역

흔드는 저 손들도 끝물만 같은 봄날

마중도 배웅도 참으로 오래됐다

기적이 바람을 풀며 잠시 울고 떠나는,

매품도 못 팔고 온 행려병 타향살이

앉아서 엉거주춤 내가 날 기다린다

몸피도 얇아진 예순, 발바닥만 후끈한

남명매

경상남도 산청군 시천면 남명로 311
좁고 낮은 쪽문을 머리 숙여 들어서니
젖은 듯
형형한 등불
아직도 걸려 있다

여윈 가지 꺾어지고 둥치가 틀어져도
비루한 왕업 앞에 차라리 회초리였던
눈발에
깨어난 혼령
옷띠 매고 앉았다

불의도 정의마저도 타산으로 공정 되는
벼슬아치 과녁으로 피 흘리던 백성의 길
앙다문
입술을 열어
상소문을 읽고 있다

별빛 피사체

게르 위로 쏟아지는 별 무리 두어 줌이
서툰 잠 머리맡을 하얗게 물들였다

엘트산 자이산 돌아 펼쳐진 초원의 밤

가만히 문을 열고 나 홀로 여기 서니
길 잃은 양 한 마리 그림자만 길어진다

좌초한 생의 발목을 잡고 있는 낯선 밤

늡늡하게 걸어온 길 누가 다 지웠을까
애초에 없었을까 어디가 내 길일까

되짚어 발서슴하듯 상클하게 맴도는 밤

말씀 끝에 아멘,

배추를 뽑자 하고 텃밭에 나갔더니
금쪽같은 김장 농사 감쪽같이 사라졌다
밑동에 이빨 자국만 총총하게 남았다

울타리를 미리 걷은 농사꾼을 탓했건만
내 집 온 손님이니 배 안 곯아 좋다신다
평생을 밭에서 사신 일등 농부 어머니는,

성경책에 살아계신 하나님은 모르셔도
사람 죄가 징그럽지 짐승이 무슨 죄냐
배고픈 고라니하고 나눴으니 되얏다!

함박눈 쿠데타

대설 발령 휘하에
투신하는
저 눈발들

삼팔선 지뢰밭도
차별 없이
소소밀밀

철망은
목멘 아픔을
제 옷 벗어 감싼다

도라산 임진각 뚫고
평양과 만주벌판

대오를 이탈하고
접경을 뛰어넘어

어느새

한라 백두도

한 이불을 덮었다

둥근 호박전

집집마다 떡을 빚고 전 부치는 추석 전날
우리 집 아궁이는 이틀째 식어 있다
다섯 섬 시주한다는 스님과의 약속 때문

낳다가 떨어졌나, 결국 또 딸내미다
어매는 들쥐 울음 갓난이 빈 젖 울음
대목장 보러 간 아베는 어디에서 딴청일까

세 살배기 동생 업고 아베 마중 가는 달밤
누가 부쳐 놓았나 둥그런 하늘 호박전
서너 번 침을 삼키다, 입맛만 다시던 날

이녁은 좋겠슈

산소에 술 따르며 울 엄마 늘, 혼잣말

오면 온 줄 아나 가면 간 줄 아나

아퀴를 짓지 못하는 유배 길을 알긴 하나

부엉 눈 멀뚱히 뜨고 남은 날 헤아릴 일

꽃가마 타는 꿈에 베갯모 적실 일 없이

두 다리 잘 뻗고 누워 걱정근심 당최 없이

섣달

젖을 갓 뗀 송아지가 우시장에 내몰렸다

고삐를 잡아끌자 뒷발 힘껏 버티는데

아 저런, 감 씨 한 톨만 한 붉은 뿔이 비쳤다

제4부

개밥바라기

초저녁 일찌감치
찾아온 별을 보고

애근하게 손 놓고 간
당신인가 했습니다

다시는 울지 말라고
눈시울 쓰다듬네요

새경

부러져 삭아 내린
푸석한 몸뚱이 속

찾아낸 형상 몇 개
저울에 올리더니

쥐어준 육십오만 원
프레지오 평생 몸값

토피어리(topiary)

빗줄기 휘갑쳤나요
서너 뼘 자란 숲길

춤추는 전지가위 초록을 지나가요

제멋에 굽은 가지를
얼러가며 다듬어요

나 모르게 삐죽 돋은
헛것의 모양새들

내일을 비손하며 앉히고 눕혔어요

그 먼 곳 환히 보이게
그대 날 알아보게

빈손

사흘 이어 나흘까지
네 몸 적셔 나를 감싼

길이 든 우산 하나
잃어버린 지난 봄날

하늘가 그 어디쯤에
날아가 계시는가

이 가을 낙엽비가
뜰 안 가득 내리는데

어깨를 받쳐줄 이
어디에도 없는 지금

허전한 가슴팍 같은
우산살이 어른댄다

드라이플라워

무슨 말을 하려는가
앞쪽의 사람들아
낡깃낡깃 무너지는 빈 몸으로 서 있는데
한 가닥 터럭마저도 못 추스를 사막인데

무엇을 숨기는가
양옆의 사람들아
홀로 샌 달빛처럼 그 눈빛 애젖한데
마음에 품고 있는 뜻 도슬러 붉었는데

무엇이 두려운가
뒤따르는 사람들아
잎 다진 마른 꽃대 나비 없기 마련인데
마지막 향기도 바친 무념의 형상인데

명줄

연탄불에 양은 밥솥
행당동 산동네 시절
빗물 새는 양철지붕 실로폰 소리 삼아
그런 날, 우리가 찾던 종로5가 칼국수 집

오래도록 살겠다고
한 올까지 다 비우고
오르던 비탈길은 발걸음이 가벼웠다
저물녘 이마를 맞댄 좁은 방도 궁전이고

뉘 몰래 남겨버린
국수 가락 있었던가
횅하니 먼저 가서 답이 없는 내 사람아
우리가 앉던 그 자리 유리창만 희뿌옇다

빨간불

올해만 잘 견디면
단칸방은 얻으리라

고시원 웅크린 잠
초록 꿈에 설쳤는데

공사장
철강 파동에
벽돌 지게 끈 풀렸다

잘 먹었다 하실 테지

마당귀 남새밭을 이제야 돌아보네
무성한 잡풀들을 낫 호미로 걷어내니
풋고추 가지 호박이 미끈하게 자랐네

가쁘던 숨소리를 당신 홀로 다스리며
봄 볕살 가려 골라 살뜰히 심은 모종
스스로 키를 높이며 열매 족족 달았네

흐려지는 눈시울을 애써 닦으면서
신접살림 그때처럼 무치고 볶았으니
이 저녁 놀빛을 타고 드시러 오시려나

불가부득

지아비가 남기고 간 휴대폰의 비브라토
덜컥대는 심장으로 화면을 쳐다보니
보름달
환히 뜨듯이
정겨워라 '울 장모님'

받지도 끊지도 못해 한참을 더듬는 손
그저 두면 울다 지쳐 고요히 그치겠지
어쩌나,
오늘 밤 내내
안절부절 못할 엄마

배롱나무 아래
― 손양원기념관

하나님 말씀대로 실천하고 살아갔던
이 시대 큰 어른을 함안이 품었으니
우러러 무릎 꿇는 곳, 달빛으로 닿으소서

독립 혼이 깃든 채로 여기 선 나무 한 채
광야의 낙타처럼 의연히 내린 뿌리
등허리 구불텅해도 피워 올린 꿈을 보라

흐슬부슬 흐무러진 형제자매 손을 잡고
그침이 없는 기도 눈물로 닦아주며
당신은 지상의 십자가, 주춧돌을 놓았다

사무친 총부리를 끝끝내 부여안고
핏줄을 이어주던 형형한 붉은 마음
백날에 다시 또 백날, 꽃으로 오옵소서

스크린에 불은 꺼져도
— 영화 〈노량〉

하얗게 질린 물살 뒤채는 겨울 바다

어둠 다 헐리도록 다급한 북소리에

새벽은
그렇게 오고
장군은 떠나가고

벗지 못한 철갑옷에 장검을 곁에 두고

비천(飛天)이 날아들듯 하늘 닿게 푸른 깃발

목 놓아
우는 청산아
배웅 길 따라간다

합천골, 쉼터

 늘어진 버들가지 그림자 얼비치고 물소리 밭골 넘는 산마루 언덕바지 생전에 우리 아버지 터를 보아 두셨다

 막막한 탁발살이 정처 없이 떠돌다가 개개비 이슬 젖는 옛길로 돌아 나와 마지막 꿈자리를 펼 아담한 토굴 한 채

 사막을 지나느라 목이 마른 낙타였지 겨운 생 건너 닿은 당신의 적멸보궁 단잠을 주무시라고 뻘기꽃 가만 핀다

늦은 당부

어린 나를 떼어놓고 되모시로 가신 후에
삼가 읍내 남의 집 수양딸로 보냈으니
어미를 마주치고도 고개를 돌렸네요

말이 좋아 수양딸이지 열 식구 식모살이
술 취한 양아버지 매질까지 감당하다
이렇게 절름발이로 얄망궂게 늙었네요

전란에 잃은 아비 찾지 못한 불효 안고
머나먼 젖은 가녘을 속죄하며 배돌아도
다행히 배곯지 않고 이럭저럭 살았네요

돌아볼 게 뭐 있나요, 이 못난 청맹과니
상주도 문상도 아닌 허깨비 당신 핏줄
눈물이 뼈만 남아서 명치끝을 찌르네요

애매미

자폐아들 아수라에 속이 텅, 말라간다

차마 묻지 못했는데
괜찮다는 막냇동생

목이 쉰 울음소리만 느티나무 다 적시고

제5부

어떤 공양

두려움 눌러 참는
눈빛은 뒤로하고

겉장 속장 짚어가며
서명하는 보호자란

빌붙어
살겠다는 놈
한몫 뚝딱 떼어주자

그늘막 사이

팔 남매 맏아들로 일찍 오른 비탈길에
매나니 머슴살이 갓 스물에 덜컥 갇혀
발부리 소맷부리에 외로운 덫을 칠 줄,

뛰며 절며 얼추 넘어 저린 오금 달랠 즈음
새 식구가 들어올 줄, 하필이면 췌장 안쪽
터 잡고 부풀린 옹이 잔등까지 껴안을 줄,

갓 일흔 관절 마디 애근토록 밀쳐 봐도
왜 내겐 꽃 한 송이 허락을 아니 할까
올려본 하늘 저만치 낮달마저 외면할 줄,

늙은 호박

있음과 없음일랑 마음이 짓는 헛것

바람을 등에 업은 품새 한번 넉넉하다

견뎌낸 숱한 땡볕을 옹골차게 매달았다

사늑히 안고 우는 범종을 닮았구나

때때로 이슬 사리 온몸에 맺어놓고

줄기가 비틀어지도록 익었다, 니르바나

울타리 목

서슬이 청청하고 꼿꼿한 사철나무
우리 집 담벼락을 일평생 지켜왔다
한 번도 시들한 모습 드러낸 적 없었고

철 따라 황백꽃과 붉은 열매 익혔지만
으레 그러려니, 당연한 줄 알았다
그 사이 나무줄기에 나쁜 병이 싹텄고

항상 곁에 있어 귀한 줄도 모르고
손 한번 잡아주는 그 쉬운 걸 놓쳤다
따스한 눈빛 한 번도 나눠주지 못하고

미궁(迷宮)

태연해 보이지만 실은 겁에 질려 있다
마침내 호명되자 취조실로 들어간다
판독한 몸의 파일이 울멍지게 띄워졌다

감쪽같이 숨었다가 보란 듯이 잡은 자리
존재감을 드러내는 그 녀석 암, 그렇지
배후를 찾아보려고 달력을 움켜쥔다

담쟁이 오르듯이 길을 뚫고 나온 것아
죗값을 받으라는 확정된 판결문에
이 남자 변명도 없이 가슴에 못을 친다

얼척없네

너는 마냥 달려들고
그는 결사 뿌리치고
떼어내면 맞붙으니
도루묵이 따로 없다
뙤약볕 맨드라미만 애가 타는 여름날

이렇게 다시 만나
기어이 동행하니
안고지고 가는 길에
빠지는 머리카락
벼랑 끝 넘고 넘어도 질정 없긴 마찬가지

와병에 생긴 등창
소독하고 약 바르다
참았던 눈물샘이
터지고 만 것이다
어느새 침묵의 뗏목, 우리 사이 놓인다

오랜 날 지고 왔던
등짐을 내린 헛살
감춰도 되비치는
흰 시트 언저리에
잉크를 엎질러 놓은, 푸른 멍의 나이 고개

다저녁때

밑반찬 꾸러미를
풀지도 않은 채로

항암 줄 뽑아내고
돌아온 다저녁때

밥알을 그렁그렁 세다
수저를 놓고 마네

무슨 말을 모셔올까
눈치 보며 내민 물잔

약 한 줌 털어 넣고
눈길을 피하는데

다저녁 언덕바지가
이리도 벅찼구나

초혼(焦痕)

사막 같은 병실에다 당신만 떨쳐 놓고
낙타처럼 휘적휘적 어둠을 걸어왔네

이제는
거운 등짐을
받아줄 손이 없네

백년가약 얽어맨 채 걸려 있는 안방 사진
후략이 된 말씀들이 모래알로 푸석이네

나 역시
잠들지 못하고
사막을 건너가네

발아래 공손히

한쪽 발 삐죽하니
이불 밖에 나와 있다

덮어주는 손안으로
뒤꿈치가 잡힌다

현무암 돌계단처럼
불퉁하게
굳었다

등에 지던 짐만큼이나 겹겹이 쌓였겠지
뒤틀린 발가락만큼 온몸을 굽혔겠지
그렇게 사는 동안에 종양도 커졌겠지

퉁퉁 부은 발등 보니
울음 참는 목젖 같다

저 혼자 쌓은 시간

오늘에야 들켰구나

조였던 작업화 풀고
수술대에 누운 발

시시포스 돌덩이

타고난
운명의 길 이런 걸까, 빌어먹을!
굴러야 살아지는 끝없는 달음박질
끄르륵 속력을 잃고
카센터에 끌려왔다

오직
제 몸뚱이만 의지하던 예순 가장
정량보다 벅찬 지게 혀 빼물고 절뚝일 때
울음보 터지지 못해
숨통을 막았을까

외길이다,
일방통행 헐떡임도 멈추었다
난생처음 공중부양 들것에 무동을 타고
무엇을 호령하리오,
호사의 뒤편인데

내 곁의 한 그루

그대는 그리 누워
나는 또 앉은 대로

바라본다, 비스듬히
이 봄날 병실 창밖

한눈에 내다보이는
나직한 느티나무

햇살은 사월인데
민둥으로 떠는구나

저 가지들 어쩌라고
자꾸만 기우는가

아직도 건네지 못한
속말 아직 남았는데

겨우살이

우리 집에 밤씨 익은 밀감빛 길고양이
오늘은 쥐걸음으로 새끼들을 데려왔다
잔 볕살 남은 양지쪽 어미 노릇 대견하다

여느 집 담을 건너 낯선 품에 깃드느라
눈칫밥도 마다않는 저들의 질긴 목숨
나 또한 젖몸살을 앓듯 가슴께가 뭉클하다

자연학습

하관(下棺)이 끝난 뒤에
날아든 감잎 한 장

빙 둘러선 유족에게 인사말을 대신한다

그 아래
산도랑 물도
지줄대며 답례한다

데칼코마니

1
접때 준 거 안중 잇따 가져가 차비 해라

내 찬데 뭔 차비요?
니 차는 물 묵고 가나?

어매가 차창 안으로 한사코 던진 봉투

2
추운데 기름 사서 보일러 돌리이소

심야 전긴데 웬 지럼깝?
전기는 물 묵고 도요?

딸네가 차장 밖으로 기어코 던진 봉투

해설

우회 화법과 반어의 묘미

김효숙(문학평론가)

『이녁이란 말 참 좋지요』에서 시인은 재난의 시기를 거쳐 왔다는 말만으로는 다 표현하지 못할 내면의 고투를 글로 간추려 낸다. 친밀한 상대를 지칭하는 '이녁'에 담긴 훈기가 전해오는 이 시집은 우리에게 어느 날 그 정감을 잃어버린 이의 마음에 공감케 한다. 재난 통과 후 사후적으로 그것을 말한다는 점에서는 아픔과 고통을 다독이는 기록물이며, 그럼에도 여전히 미완료형 서사로서 지금 이곳 삶의 현장을 반영하고 있어서 누구에게나 공평하게 닥친 재난의 얼굴을 다시금 확인하게 된다.

어떤 이가 불시에 생을 마감해야 했던 사고의 순간도, 우울의 시대를 지나오면서 시인이 목도한 누군가의 죽음도 우리에게 살아남은 이유를 생각게 한다. 삶을 앞질러 죽음까지 달려가 보는 경험을 통해서만 삶이란 대체 무엇인지 성찰할 수 있는 우리는 이 시집에서 시인이 직·간접적으로 만난 다양한 재난들이 곧장 죽음으로 이어지고 있음을 본다. 이미 죽은 자는 죽음을 경험하지 못하므로 오직 산 자만이 죽음을 보고 그 현상을 말할 수 있다. 죽음의 기록이라 해도 무방한 이 시집에는 죽음을 지켜본 자의 의식과 감정이 침윤되어 있다. 죽음을 원격화한 이야기를 찾아보기 어려울 만큼 시인이 지나온 시대와 기억 속에 침전된 내용들이 삶의 막다른 길목을 비춰낸다.

시집의 구성을 보더라도 이런 점은 명백하다. 1부와 2부에서는 주로 노동자들의 사고사, 전쟁, 팬데믹 시기의 죽음들을 깊이 들여다본다. 3부에서 5부까지는 역사, 그리고 모성 중심의 가족사를 짚어 가면서 병고를 겪는 인물을 초점화한다. 그런 점에서 이 시집은 '재난'으로 뭉뚱그릴 수 있는 고통의 이야기이면서도 종결되지 않는 곤경을 부단히 환기하는 차원에 있다. 마음이 심히 불편한 듯 툭툭 던지는 화법으로 대사회적 풍자를 이어가면서도 시인이 잊지 않는 것은 인간이기에 품을 수 있는 정감이다. 타인이나 어떤 현실적 사안에 대한 비판은 상대를 곤경에 빠트리기 위한 것이기보다 긍정적 전망을 마련하려는 반어적 고언(苦言)에 가깝다. 이때 빛을 발하는 것이 시인이 구사하는 우회 화법이다. 선대가 즐겨 썼던 감정 전달 방식인 짐짓 눙치면서 정곡을 우회하는 말하기. 이 시집에서 우리가 누릴 수 있는 시조의 묘미다.

1. 누구나 불안전한 이 세계에서

　시에서 흔히 죽음을 다루는 것은 삶을 사유하려는 방편이다. 죽음을 상정하지 않고서는 삶을 실감하지 못하고, 과거를 통하지 않고서는 현재의 의미를 알 수 없다. 이는 우리가 현재를 사는 존재자이며 과거도 미래도 현재라는 기반을 통해서만 가능한 시간 개념이라는 의미다. 이남순 시에는 사고·전쟁·재난·병치레를 겪는 인물이 빈번히 등장하고, 여기에 죽음 사건이 끼어들면서 살아남은 자의 정념이 어디서 발생하는지 여실히 보여준다. 삶과 죽음은 얽혀 있고 이러한 얽힘 속에서 떠난 자와 남은 자의 자리가 확인된다. 죽음이 만연한 사회를 향하여 건강성을 묻지 못하는 것처럼 살아남은 자에게도 쉽사리 행복을 주문하지는 못한다. 시인이 그 죽음의 내면에 천착하는 바를 간과하지 않을 때 우리는 숱한 죽음들에 도사린 현실이 얼마나 막막한 것인지 짐작할 수 있다.

　　두 살 터울
　　열 살 형이 동생을 감싸 안고

뜨거운 불의 혀를 온몸으로 막아섰다

아 저런,
동생이 먼저 형의 곁을 떠나다니

겁먹고 파고들어 숨통이 막혔을까

무늬만 찬란했던 이 도시 벌건 대낮

타다 만 라면 봉지만
증언하듯 날렸다

—「라면 먹을래?」 전문

  시집의 앞머리에 놓인 이 시는 두 살 터울의 형제가 불길에 휩싸이자 형이 방패 역할을 하지만 동생을 구할 수 없었다는 내용이다. 부모가 모두 일터로 나갔거나 결손 가정에서 주식을 대체한 라면으로 끼니를 때우려고 화기를 다루다가 화재가 발생한 것으로 보인다. 이 시를 필두로 시인은 대사회적 발언을 이어가면서 죽음을 강력한 시대적 병증으로 진단한다. 죽음을 질병보다 깊은 위험으로 자각하는 시인에게 미투 해시태그의 여파는 여권운동의 표면에 머물지 않고 이면으로 잠입해 들어가 어떤 죽음의 이유를 짚어보는 데서도 여실히 드러난다(「긍휼히 여기소서」). 삶의 조건이 위험한 일들로 점철되는 사회에서 관계성이라는 것은 태생적으로 위험한 것일 수밖에 없고, 타자에게로의 지향조차 유해한 것으로 의심받는 상황으로 이어진다.

지하철 스크린도어 정비업체 직원의 사망사고를 다룬 시(「봄눈 백서」)에서 보여주듯이 그에게 맡겨진 과업은 모두의 안전을 위해 위험을 불사하는 것이다. 채 스무 살이 되지 않은 노동자가 품었을 희망은 결코 죽음이나 불행이 잠식할 수 없는 것임에도 위험한 사회의 안전장치는 전방위적으로 작동하지 않는다. 우리에게 주어지는 안전이 불명의 타자가 불안전을 통과한 뒤에 주어진다는 점은 또 다른 노동자의 삶에서도 여실히 입증된다. 이런 점은 안전이 담보되지 않는 노동 현실에도 불구하고 온몸으로 투신하는 노동자를 돌아보게 한다. 그를 영웅시하는 것을 넘어 불안전한 환경 속에서도 모두의 안녕과 안전을 위해 위험에 처한 이들을 기리는 데서 이남순 시인의 모럴이 드러난다. 이때 모럴은 개인 차원의 윤리에 머물지 않는 대사회적 태도를 뜻하며 이어지는 시편에서도 이 같은 시인의 태도는 보여주기식 나열에 머물지 않는 확산성을 지닌다. 20년 차 플랫폼 노동자의 과로사, 텔레비전과 짝이 된 58세 '돌싱'의 고독사, 로드킬 당한 동물과 다름없는 고압선 노동자, 대공습으로 죽은 우크라이나의 무고한 시민들, 일일 노동자인 물류창고 화재 사망자. 이들이 처한 현실은 위험성을 기준으로 보면 평범을 상회하지만 하위 계층이 떠맡아야 할 위험이라는 점에서 사회적 성찰을 요구하는 문제다. 사람답게 살고자 하는 열망을 이뤄내기 어려운 위험사회를 향해 이들 각자가 지닌 최종 조건인 온몸으로 항거하는 방식처럼 보이기 때문이다.

    놓칠까, 하루치 꿈
    15만 원 품삯 안고

    엎어질 틈도 없는 맨홀 밑 구덕 향해

    그렇네, 무저갱 속을 슬러지 찾아가네

    천형의 구명밧줄 멍에처럼 허리에 묶고

    이젠 됐다 싶을 때쯤 벼랑 차고 올랐는데

    기어이 포스핀에 취해
    생이 지네, 오늘은
                         —「서녘이네」 전문

  노동현장을 구체적으로 들여다볼 때 이들에게 닥친 위험이

재난의 모습을 하고 있다는 사실을 부인할 수 없게 된다. 재난을 원하지도 기다리지도 않으므로 이것은 예측 불허의 사태이며, 어떤 경우에도 재난은 가장 낮게 처한 자들부터 위험에 빠트린다. 재난은 물리적 손실은 물론이고 심리와 정신 건강까지도 해친다는 점에서 특효약이 없는 것이다. 인용 시에서 일용직 노동자는 "구명밧줄"에 몸을 묶고 맨홀 아래로 들어가 침전물("슬러지")을 걷어내는 작업을 마친 후 "벼랑을 차고 올"라 맨홀 바깥으로 나오려는 찰나다. 이때 독가스("포스핀") 중독의 여파로 정신을 잃었거나 생명이 끊긴 것으로 보인다. 하루의 삶을 위험에 담보해야만 그날 분의 목숨값을 벌어들일 수 있는 노동 환경에서 독가스 중독은 하루 만에 전 생애를 탕진해 버린 재난과 다름없다. 몫 없는 자의 마지막 재산인 생명까지도 앗아가기 때문에 재난이라는 이름은 하루 "15만 원 품삯"에 값하는 그의 생명보다 크나큰 위세를 지닌다. 이렇듯 불안전한 노동 현실에서 플랫폼 노동자 스스로 안전 조치를 마련한 다음 시는 한편의 미소와 한편의 염려를 나란히 거느린다.

뉘신가, 무례하게
카톡에 불쑥 들어

〈고객님 주문 상품 비대면 배송되었습니다〉

현관 앞 오도카니 앉은

상자가 무색하다

빼꼼히 마주치는 풋낯도 죄가 되니

세상에 맞서려면 사람을 멀리하라

문 하나 사이에 두고 꼰지발로 간 사람
　　　　　　　　　　—「우렁꾼」 전문

익명의 택배기사가 비대면으로 물품을 배송하면서 카톡으로 배송 사실을 알린 후 소리 없이 사라지는 안전 조치에는 팬데믹의 위험으로부터 자타를 지킨다는 명분이 개재한다. 인간에게 가장 위험한 상대가 인간이라는 사실을 용인해야 하는 시대에 바로 그 당사자인 '나'들은 타자를 위험물로 취급해야 하며, 역할을 바꾸더라도 결과는 달라지지 않는다. 이렇듯 안전을 위한다는 명분 하에 비대면이 이뤄진 것과 달리 "친환경 급식용으로 저장고에 모셔"(「불똥」) 두었던 식재료는 판로를 잃어버려 농가의 시름이 깊어지는가 하면 설상가상 자녀의 학자금을 마련할 길이 요원해진다. 격일 근무, 급여 삭감, "재난카드 현금 깡"(「늪」)을 거치면서 삶이 파산당한 듯

고통이 이어진다. 하지만 시인은 "한자리 우두커니 소화기 신세" 같은 어머니들이 "치매 병실"(「소화기 놓이듯이」)에서 홀로 투병을 하는 팬데믹 사태에도 비참을 비참이라고만 말하지 않는다. "움켜쥔 안전핀만큼은 놓친 적 없"(「소화기도 못 참아」)는 단독자의 삶을 안전핀을 장착한 소화기에 빗대면서 스스로 안전장치를 마련해야 하는 삶의 이치를 일깨운다.

  생명 있는 자에게 삶이란 불안전의 연속이지만 이러한 조건 때문에 안전한 방책을 마련하게 되는 이치. 이는 죽음을 통해서만 삶의 진정한 의미를 통찰할 수 있는 우리네 삶의 조건과 별반 달라 보이지 않는다. 재난은 평온한 상태에서 예고 없이 들이닥치는 것처럼 보이지만 사실은 정상처럼 보이는 상태에 함유된, 정상처럼 가장된 어떤 병적인 증상에 연원을 둔다. 그러나 우리는 그 병의 원인을 들춰내기보다는 나 아닌 누군가가 그 병에 안주하기를 바라거나 더 깊은 위험 속으로 불만 없이 들어가 주기를 바란다. 타자의 불안전으로 주어진 나의 안전에 마음 놓을 때 더욱 깊어지는 위험에 대해서는 그 누구도 책임을 지려 하지 않는다.

2. 함께하는 삶과 정감 어린 마음을 꿈꾸며

  문학 작품 생산의 원천은 긍정적 감정보다 부정적 감정에

연원을 두는 경우가 더 많다. 삶은 흔히 재난에 비유되고 문학 작품 읽기는 작중 인물이 겪는 고난을 간접 경험하는 일이기도 하다. 불시에 닥친 팬데믹은, 인간의 수명이 한 세기를 넘기기 어려운 것만큼이나 세기적 사건이었다. 물리적 가해를 입어 재난의 실체를 번연히 알 수 있어야만 재난이므로 비가시적인 현상을 놓고 재난을 운위하는 일은 이 사태 이전에는 인류의 상상 범주를 벗어나는 것이었다. 상상조차 불허하는 미생물이 이제껏 인류가 경험하지 못한 위험을 안기면서 이 사태는 비유법이 필요치 않을 만큼의 생생한 재난이었다. 시인이 인물의 감정을 직접 드러내지 않으면서 그것을 능숙하게 환기하는 기법을 눈여겨볼 만하다.

  시인이 그리는 현실을 좁혀서 보면 대사회적 목소리를 낼 수 없을 만큼 연약한 자들이 속한 사회에 맞춰져 있다. "한때는 파독 광부로 사막의 노동자로/가난만은 이겨보자 깃발 든 전사였"던 이들이 "탑골공원 담벼락" 아래 줄을 서서 급식을 기다리고(「밥줄」), 최저임금으로는 연명할 수 없는 가계에 소액이나마 보태고자 하는 이는 "누구는 꿈에 들어 미래를 계산할 때/그 꿈 밖 거리 뒤편엔 잠 안 자는 짐수레"를 끌고 나와 폐지를 주워 모은다(「성탄절 주변」). 3개월 취업 비자로 입국하여 담뱃잎을 따는 "계절 인생 근로자"에게 주어지는 보수는 그에게 결코 미래의 행복과 가능성을 보장해 주지 않는다. 그런 이유로 시인은 그를 "한철 메뚜기"라 부르며 안타까워하고

(「한철 메뚜기」), 땡볕이 내리쬐는 벤치 위에 누워 "꿈 기슭에 닿아 있"는 "맨발 남자"에게 노란 양산을 놓아 주고 간 할머니에게서 인간미를 느끼기도 한다. 그 할머니에게 드리는 헌사 같은 이 시는 양산을 "둥그런 달그림자"(「부분일식」)로 묘사하면서 비정한 세상 위로 떠오른 달덩이처럼 푸근한 정감을 안긴다.

> 가까워 놓칠세라
> 멀어지면 못 닿을까
>
> 한 발짝 한 걸음씩 나붓이 놓여 있다
>
> 샛강에
> 맨발로 엎드린
> 그대 빈 등 밟고 간다
>
> ―「징검돌」 전문

태어나는 일도, 삶을 마감하는 일도 혼자 하게 되지만 삶의 여정은 부단히 타자들 가운데로 던져지는 사건 속에 놓여 있다. 위의 시에서처럼 멀지도 가깝지도 않은 자리에 징검돌이 놓인 것처럼 나와 타자의 위치라는 것도 같은 이치를 따른다. 인간관계를 흔히 상호 간 '거리'에 따른 친밀도나 유대감으로 따지곤 하지만 너와 나는 본질적으로 합일의 경지를 이룰 수 없는 타자성을 지닌다. 그래서이겠지만 너에게 나아가는 "한 발짝 한 걸음"이 지극히 소중하고, 때때로 상대에게 "빈 등"이 되어주는 너와 나는 "샛강" 같은 세상을 건널 힘이 되어주기도 한다. 시인이 마주한 세계에서 개인은 하루하루 비루한 삶을 영위하거나, 위험한 삶의 불가항력을 돌파할 능력이라곤 없는 이들이지만 시인이 이들을 대하는 태도에는 더불어 살아가는 세상에서 갖춰야 할 진정 어린 마음과 태도가 담겨 있다. 특히 어머니의 세계관을 반영한 시들에서는 마음 깊이 자리한 진정성을 곧이곧대로 표현하지 않고 에두름과 반어로 마음을 전하는 우회 화법의 아름다움이 돋보인다.

산소에 술 따르며 울 엄마 늘, 혼잣말

오면 온 줄 아나 가면 간 줄 아나

아퀴를 짓지 못하는 유배 길을 알긴 하나

부엉 눈 멀뚱히 뜨고 남은 날 헤아릴 일

꽃가마 타는 꿈에 베갯모 적실 일 없이

두 다리 잘 뻗고 누워 걱정근심 당최 없이
        ―「이녁은 좋겠슈」 전문

피안과 차안이 구분되는 이 시에서 어머니는 피안의 남편에게 '좋겠슈'라고 인사말을 건넨다. "걱정근심 당최" 없는 곳으로 명명되는 곳이 피안이라면 자신의 존재 근거지인 차안은 "유배 길"로 비유된다. 신산한 삶을 먼저 등져버린 '이녁'에게 건네는 어머니의 말에는 달콤한 신혼의 꿈을 홀로 되새기는 외로움, 여생의 끝을 가늠해 보는 스산한 마음이 담겨 있다. 그러면서도 먼저 세상을 등진 남편에게 '좋겠슈'라며 반어법을 쓰는 데서 홀로 살아남은 자의 자책과 미안함이 읽힌다. 세상의 모든 말은 살아남은 자의 기억에 쌓여 있다가 터져 나오며, 같은 이치로 세상의 모든 시도 살아남은 자의 기록물이라 할 수 있다. 지역어로 쓴 아래 시에서는 차진 맛과 감칠맛이 입안에 감겨들면서 소리 내어 읊었던 시조의 감각이 살아난다.

1
접때 준 거 안중 잇따 가져가 차비 해라

내 찬데 뭔 차비요?
니 차는 물 묵고 가나?

어매가 차창 안으로 한사코 던진 봉투

　　2

　　추운데 기름 사서 보일러 돌리이소

　　심야 전긴데 웬 지럼깝?
　　전기는 물 묵고 도요?

　　딸네가 차창 밖으로 기어코 던진 봉투
　　　　　　　　　　　　　—「데칼코마니」 전문

"어매"와 "딸네"가 돈이 든 봉투를 차 안으로 던져 넣었다, 차 바깥으로 내쳤다 하는 장면이 선연하다. 대화 내용을 보면 봉투 속에 든 돈은 딸이 "접때" 어머니에게 용돈으로 드린 것이지만 이후 딸이 고향 집에 다녀가는 날 어머니가 그것을 그대로 내주며 차비로 쓰라고 말한다. 자기 차를 몰고 왔으므로 차비는 필요 없다는 딸에게 "니 차는 물 묵고 가나?"라고 묻는 어머니, 심야 전기를 사용하는 어머니에게 "전기는 물 묵고 도요?"라며 기름값에 보태 쓰라는 딸과의 사이를 왕래하는 것은 돈 봉투만이 아니다. 모녀가 서로에게 선의를 돌려주는 일에는 그 어떤 거래도 교환법칙도 작용하지 않는다. 다투는 것 같은 장면이지만 날카로운 갈등 심리는 여기에 없고, 온전히 상대의 안녕과 편의를 바라는 마음을 전하고 싶을 뿐이다. 시인이 제목으로 쓴 것처럼 이러한 소망이 상대 쪽으로 번져 한 폭의 "데칼코마니"가 되는 일. 종잇장을 접듯이 하나로 합일하는 마음을 우리는 사랑이라고 명명할 수 있을 테다. 이처럼 이남순 시의 진경은 삶의 비극성을 실어내는 리얼리티 감각이 감칠맛 나는 언어 운용으로 달성되는 곳에서 펼쳐진다. 문자의 배열을 눈으로 읽는 것에 그치지 않고 소리 내어 시조를 읽어 볼 때 그 묘미와 존재감이 성큼 살아나는 것을 경험할 수 있다.

시인동네 시인선 229

이녘이란 말 참 좋지요
ⓒ 이남순

초판 1쇄 인쇄	2024년 4월 15일
초판 1쇄 발행	2024년 4월 22일
지은이	이남순
펴낸이	김석봉
디자인	헤이존
펴낸곳	문학의전당
출판등록	제448-251002012000043호
주소	충북 단양군 적성면 도곡파랑로 178
전화	043-421-1977
전자우편	sbpoem@naver.com

ISBN 979-11-5896-642-3 03810

*이 책의 판권은 지은이와 문학의전당에 있습니다.
*양측의 서면 동의 없는 무단 전재 및 복제를 금합니다.
*잘못 만들어진 책은 바꿔드립니다.